VENTE DU LUNDI 31 MAI 1886

HOTEL DROUOT, SALLE N° 5

MEUBLES ANCIENS

LIVRES

APPARTENANT A

M. Th. PECQUEREAU Fils

OBJETS D'AMEUBLEMENT, TAPISSERIES

VASES EN GRANIT

Provenant de la Collection de M. X***

EXPOSITION PUBLIQUE

Dimanche 30 Mai 1886, de 1 heure à 5 heures

COMMISSAIRE-PRISEUR

M° **PAUL CHEVALLIER**, 10, rue de la Grange-Batelière.

EXPERTS

M. CHARLES MANNHEIM	**M. MARTIN**, Libraire
7, rue Saint-Georges, 7.	18, rue Séguier, 18.

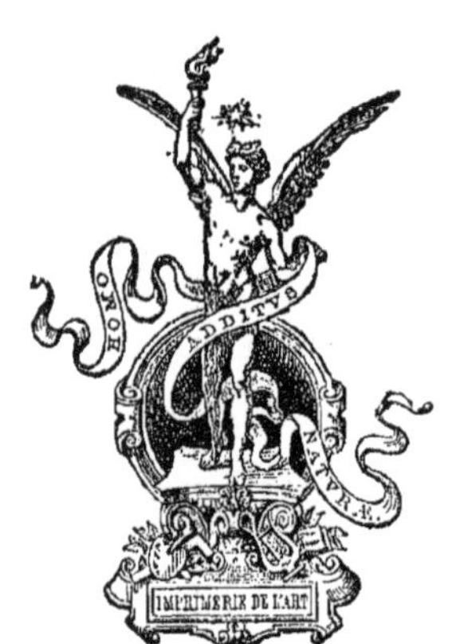

HOMO ADDITVS NATVRÆ
IMPRIMERIE DE L'ART

CATALOGUE

DES

MEUBLES ANCIENS

DES XVIIe ET XVIIIe SIÈCLES

EN BOIS SCULPTÉ

NOMBREUX SIÈGES

BOIS DORÉS

Torchère Louis XIV, Consoles Louis XVI, Glaces, etc.

Livres, Ouvrages à figures

Appartenant à M. Th. PECQUEREAU fils

ET DES

OBJETS D'AMEUBLEMENT

Orfèvrerie, Bijoux, Garniture en Japon, Vases en granit rose
Meubles et Tapisseries

Provenant de la Collection de M. X...

VENTE HOTEL DROUOT, SALLE N° 5

Lundi 31 Mai 1886, à deux heures

COMMISSAIRE-PRISEUR

Me Paul CHEVALLIER, 10, rue de la Grange-Batelière

EXPERTS

M. Charles MANNHEIM	**M. MARTIN**, libraire
7, rue Saint-Georges, 7	18, rue Séguier, 18

EXPOSITION PUBLIQUE : Le Dimanche 30 Mai 1886

DE 1 HEURE A 5 HEURES

CONDITIONS DE LA VENTE

Elle sera faite au comptant.

Les acquéreurs payeront en sus des enchères *cinq pour cent*, applicables aux frais.

L'exposition mettant le public à même de se rendre compte de l'état des objets, il ne sera admis aucune réclamation une fois l'adjudication prononcée.

Paris — Imprimerie de l'Art. E. Ménard et J. Augry,
41, rue de la Victoire, 41.

DÉSIGNATION DES OBJETS

MEUBLES ANCIENS

1 — Grande armoire Louis XIV, en bois de chêne, à portes pleines décorées de moulures et d'un médaillon central à rosaces et entre-lac, finement sculptés; les montants, arrondis, offrent plusieurs motifs d'ornements, et la corniche, légèrement cintrée, est décorée de godrons et d'un cartouche formant couronnement.

Haut., 2 m. 75 cent.; larg., 1 m. 60 cent.

2 — Buffet à hauteur d'appui, de l'époque Louis XV, à deux portes et deux tiroirs richement décorés de rocailles et de fleurs; chêne sculpté.

Haut., 1 m. 32 cent.; larg., 1 m. 55 cent.

3 — Grande bibliothèque du temps de Louis XIV, en bois de chêne, à portes vitrées, encadrées de moulures et à montants arrondis, décorés de motifs d'ornement finement sculptés; elle provient du château de Bercy.

Haut., 2 m. 60 cent.; larg., 1 m. 5o cent.

4 — Armoire à deux portes ornées de moulures, d'une rosace centrale, d'entrelacs, de rinceaux et de fleurons de l'époque Louis XIV. La partie supérieure des portes a été vitrée; mais les panneaux de bois ont été conservés et seront remis à l'acquéreur.

Haut., 2 m. 45 cent.; larg., 1 m. 45 cent.

5 — Belle console de forme élégante, en bois de chêne sculpté, de l'époque Louis XV, à bandeau découpé à jour et décoré de roses et de rinceaux mouvementés. Les pieds convergent vers leur base et sont réunis par une traverse surmontée d'un bouquet de fleurs, entremêlées de fruits. Tablette en marbre brèche violette.

Larg., 1 m. 58 cent.

6 — Console Louis XV, en chêne sculpté, à
ornements ajourés, rinceaux, rocailles et
coquilles. Dessus en marbre, bordé d'un
double filet et d'un quart de rond.

Long., 88 cent.

7 — Petite commode Louis XV, de forme contournée, décorée, au vernis genre Martin,
d'ornements jaunes d'or, sur fond noir.

8 — Petite table rectangulaire à quatre faces,
en bois sculpté et peint en blanc, à décor de
coquilles, feuillages et motifs de fleurs.
Dessus en marbre.

Long., 72 cent.; larg., 45 cent.

9 — Petit bureau Louis XVI, en acajou, surmonté d'un casier à trois tablettes.

10 — Commode Louis XVI, plaquée de bois
rose et d'amarante, à filets en marqueterie;
elle est garnie de cuivres : chutes, sabots,
entrées et anneaux de tirage.

11 — Commode Louis XV, en bois satiné, garnie
de cuivres : poignées et entrées de serrures.

12 — Armoire Louis XIII, à portes pleines.

13 — Petite commode Louis XV, en bois rose et
bois violette, à dessus de marbre.

BOIS SCULPTÉS ET DORÉS

14 — Console du temps de Louis XVI, en bois
sculpté, forme demi-lune; bandeau à canaux
et perles; pieds cannelés, reliés par des traverses ornées.

Larg., 1 m. 28 cent.

15 — Belle torchère-applique, en bois sculpté et
doré, du temps de Louis XIV, formée d'une
cariatide de femme engainée et portant sur
la tête un cul-de-lampe décoré de feuillages.

Haut., 1 m. 35 cent.

16 — Petite console-applique en bois sculpté et
doré, de l'époque Louis XIV, d'un gracieux

modèle à coquille, rinceaux feuillagés et
culot.

Haut., 3o cent.

17 — Jolie console du temps de Louis XVI, en
bois sculpté et doré, d'un très élégant modèle
à côtés arrondis ; bandeau à oves, canaux
rudentés et feuilles d'eau ; pieds de devant à
volutes et feuillages ; pieds d'arrière cannelés
et à feuilles d'acanthes. Tablette de marbre
blanc.

Larg., 1 m. 62 cent.

18 — Petite console Louis XV, en bois sculpté
et doré ; gracieux modèle à bandeau ajouré,
coquille, rocaille et guirlande de laurier.

Larg., 93 cent.

19 — Jolie console, demi-lune, de style
Louis XVI, en bois sculpté et doré, à
bandeau décoré de festons de laurier et
de perles ; les pieds sont reliés à leur partie
supérieure par des guirlandes de fleurs, et à
leur base par des traverses ornées supportant
un trophée d'attributs champêtres. Tablette
en marbre blanc.

Long., 76 cent.

20 — Miroir à encadrement sculpté et doré, la
partie supérieure, en forme de dais, à rideaux
et cordelières retombant sur les côtés.

Haut., 1 m. 10 cent.; larg., 63 cent.

21 — Petit miroir de l'époque Louis XV, à
encadrement sculpté et doré, à rinceaux,
rocailles et festons de fleurs; la traverse
inférieure du cadre est munie d'une applique
en bronze, à deux bras porte-lumières.

Haut., 90 cent.; larg., 54 cent.

22 — Autre miroir de même époque, à encadrement sculpté et doré, formé d'une moulure
entourée d'un ruban onduleux et surmonté
d'un gracieux motif à rinceaux ajourés, formant couronnement.

Haut., 1 m. 10 cent.; larg., 55 cent.

23 — Glace à encadrement, du temps de
Louis XVI, sculpté, peint et doré en partie,
modèle à feuilles et cordons de perles, surmonté d'une couronne de fleurs et de bran-

ches de laurier et décoré, sur les côtés, de pentes de fleurs.

Haut., 1 m. 65 cent.; larg., 1 mètre.

24 — Petit miroir italien, à encadrement sculpté et doré, composé de grosses feuilles d'acanthe.

Haut., 60 cent.; larg., 54 cent.

SIÈGES

25 — Canapé du temps de Louis XV, forme dite *corbeille*, à moulures et fleurettes sculptées; il est garni en satinette.

26 — Tabouret carré, à siège en tapisserie d'Aubusson à fleurs sur fond jaune et pieds très très finement sculptés, de l'époque Louis XIV, en forme de petits piliers carrés, à pentes de feuillages et chapiteaux corinthiens.

27 — Deux chaises Louis XIV, à dossier élevé et pieds contournés; elles sont ornées de fleurettes en relief et foncées de canne.

28 — Beau fauteuil Louis XIV, très finement
sculpté à décor de coquilles, de feuilles d'a-
canthe, de rinceaux, feuillages et de fleurons;
il est foncé de canne.

29 — Grand fauteuil Louis XIV, en noyer
sculpté à feuillages, entrelacs et fleurons;
l'extrémité des accoudoirs et des pieds se
recourbant en volutes; il est garni de velours
grenat.

30 — Deux chaises de style Louis XV, à rocailles
et feuillages sculptés, garnies en tapisserie au
petit point à grosses fleurs sur fond blanc.

31 — Deux grands fauteuils de style Louis XIII,
à accoudoirs, pieds et traverses contournés à
moulures; ils sont garnis en tapisserie au
point à décor de pavots sur fond blanc.

32 — Pouf carré de même modèle que les fauteuils qui précèdent et garni en tapisserie au
point.

33 — Bois de chaise Louis XV, à fleurettes
sculptées et moulures.

34 — Bois de fauteuil Louis XV, contourné, à moulures et à pieds courts.

35 — Bois de fauteuil à dossier carré, accoudoirs à volutes et pieds reliés par des traverses contournées.

36 — Deux fauteuils Louis XIV, foncés de canne.

37 — Bois de chaise Louis XVI, à dos carré, pieds cannelés et moulures à rais de cœur.

38 — Autre à rais de cœur et perles, la traverse supérieure du dossier légèrement arrondie.

39 — Deux chaises chauffeuses de l'époque Louis XV, à fleurs et rinceaux sculptés; elles sont foncées de canne.

40 — Chaise Louis XV, de forme contournée, à pieds reliés par une traverse; elle est foncée de canne.

41 — Fauteuil Louis XV, foncé de canne.

42 — Chaise Louis XV, non garnie, à dossier
ajouré orné de feuillages sculptés.

43 — Pouf carré de style Régence, en bois
sculpté et doré.

44 — Bois de fauteuil Louis XV, sculpté et doré
à fleurs et moulures.

45 — Bois de fauteuil à dossier médaillon, à
décor de rubans enroulés en spirales et cordons de piécettes sculptés et dorés. Style
Louis XVI.

46-47 — Deux bois de pouf carrés.

48 — Bois de fauteuil du temps de Louis XIV, à
ornements sculptés et pieds de biches reliés
par des traverses ornées.

49 — Bois de fauteuil Louis XIV, de petite
dimension, à moulures et fleurettes sculptées.

50 — Autre fauteuil, encore plus petit, de modèle analogue et garni en blanc.

51 — Bois de fauteuil Louis XV, à moulures et coquilles sculptées.

52 — Deux fauteuils Louis XIV, à accoudoirs et pieds contournés à feuillages sculptés se terminant en pieds de biche. Ils sont garnis en satinette.

53 — Deux pouffs rectangulaires de même époque et de même modèle, dont un garni en satinette.

SCULPTURES

54 — Bas-relief en bois de chêne, en forme de frise, représentant un groupe d'enfants vendangeurs. Bonne sculpture du xviiie siècle.

Haut., 33 cent.; larg., 1 m. 35 cent.

55 — Montant en chêne, très finement sculpté, de l'époque Louis XVI, et représentant un vase d'où s'échappent une baguette enguirlandée de roses et un double feston de feuillages.

Haut., 1 m. 35 cent.; larg., 14 cent.

56 — Grosse lampe d'église du temps de Louis XV, en cuivre repoussé, décor à cartouches, coquilles et guirlandes. Anses à têtes d'enfants en haut-relief.

LIVRES SUR LES ARTS, OUVRAGES A FIGURES

57 — **Albertolli**. Ornamenti diversi. *Milano,* 1782, gr. in-fol. cart.

58 — **Benaven**. Le Caissier italien, ou l'Art de connoître toutes les monnoies, 1787, 2 vol. in-fol., demi-rel.

59 — **Blondel**. De la distribution des maisons de Plaisance et de la décoration des édifices en général. *Paris,* 1737, 2 vol. in-4, v. m. *Planches.*

60 — **Boucher fils**. Guéridons, bras de cheminée, chenets, plafonds, croisées, etc. 143 pl. en 1 vol. in-fol. cart.

61 — **Briseux**. Traité du Beau essentiel dans les Arts appliqué particulièrement à l'architecture. *Paris*, 1752, 2 vol. in-4, v. *Portrait, planches d'ornement et de décoration intérieure, vignettes par Choffard.*

62 — **Carrache (Annibal)**. Recueil de 51 gravures, sujets mythologiques. En 1 vol. in-fol., parch.

63 — **Chambers**. Traité des édifices, meubles, habits et ustensiles des Chinois. *Paris*, 1776, in-4, cart. *Planches.*

64 — **Chandler, Revett and Pars**. Ionian antiquities. *London*, 1769, in-fol., demi-rel. *Planches.*

65 — **Decker, Sulzbach**, etc. Architectura civilis. *Augspurg*, 1711, in-fol. obl., demi-rel. *Belles planches de décoration intérieure.*

66 — **Falda**. Le chiese e le fontane di Roma e Frascati. Recueil de 92 planches en 1 vol. in-4, cart.

67 — **Le Pautre (J.).** Escussons ou entrées de serrures. — Rinceaux de feuillages. — Vases. Portails d'églises à l'italienne. *Paris, Mariette*, 69 planches en 1 vol. in-4, demi-rel.

68 — **Nativelle.** Nouveau traité d'architecture suivant les auteurs les plus approuvés, Vignole, Palladio, Philibert de l'Orme. *Paris*, 1729, 2 vol. gr. in-fol., v. marb.

69 — **Ponce.** Collection des tableaux et arabesques antiques trouvés à Rome. *Paris*, 1805, in-fol. cart.

70 — **Recueil** de planches sur les sciences et les arts libéraux, 1762, in-fol., v. marb.

Antiquités. — Architecture. — Décoration intérieure. — Armurier. — Art militaire.

71 — **Roubo.** L'Art du menuisier en meubles, 1772, in-fol. cart. *Planches.*

OBJETS D'AMEUBLEMENT, ORFÉVRERIE

ET TAPISSERIES

PROVENANT DE LA COLLECTION DE M. X...

72 — Deux beaux vases en granit rose, avec riche monture en bronze ciselé et doré.

73 — Sucrier ovale à deux anses, et à couvercle surmonté d'une figurine d'Amour. Le pourtour, découpé à jour, se compose de montants, de guirlandes soutenues par des enfants et de draperies.

74 — Deux hanaps en argent repoussé et doré en partie, à mascaron, feuillage, et anse formée d'un dragon ailé.

75 — Vidrecome en ivoire sculpté, offrant au pourtour le sujet du Triomphe de Bacchus en bas-relief; monture en argent repoussé et doré.

76 — Six cuillers à café en vermeil, à filets et feuillages ciselés.

77 — Douze couteaux à dessert, à lames de vermeil et manches de nacre chiffrés GM.

78 — Douze couverts en vermeil, à feuillages en relief, chiffre GM.

79 — Petit plateau ovale et tasse à vin à deux anses, en argent repoussé, à figures et ornements.

80 — Six étuis en argent.

81 — Deux petites boîtes en argent.

82 — Boucle de ceinture, strass et argent.

83 — Montre Louis XV, à double boîtier, en or repoussé et ajouré; cadran au nom de Martineau à Londres. Écrin en chagrin clouté de cuivre.

84 — Montre anglaise de même époque, en or repoussé, avec double boîtier en galuchat.

85 — Deux montres de Genève en cuivre, l'une
avec jargons ; l'autre ornée d'une peinture en
émail.

86 — Double boîtier en or repoussé.

87 — Éventail Louis XV en ivoire ajouré, décoré
en couleur et rehaussé de dorure ; feuille
peinte à la gouache.

88 — Deux éventails.

89 — Deux plateaux en émail de Chine, une pla-
quette de nacre gravée, un sanglier en plâtre
stéariné.

90 — Crucifix en ivoire sculpté ; au pied de la
croix, trois statuettes également en ivoire : la
Madeleine, la Vierge et saint Jean.

91 — Six médaillons-bustes en biscuit : Henri IV,
Condé, Turenne, Érasme, Tromp et Guil-
laume d'Orange ; exergues et cadres dorés.

92 — Garniture de cinq pièces en ancienne porcelaine du Japon, trois potiches et deux cornets, décorés en bleu, rouge et or.

93 — Deux lampes Carcel en bronze, montées sur vases en forme de balustre, en porcelaine de Chine, à décor à lambrequin, en émaux de couleur.

94 — Deux grandes girandoles à bouquets de lis en bronze, avec vases en porcelaine de Chine violet flambé.

95 — Statuette de Vénus accroupie, en bronze à patine brune.

96 — Médaille en bronze. Style Renaissance.

97 — Commode Louis XV en bois rose, marqueté en damier, garnie de cuivres et à dessus de marbre.

98 — Grande chaise longue du temps de Louis XIV, en bois sculpté, recouverte en velours marron frappé.

99 — Petit bonheur du jour du temps de
Louis XVI, en acajou, à filets de cuivre,
portes à glaces étamées et dessus en marbre
turquin.

100 — Grand bureau à cylindre en acajou du
temps de Louis XVI.

101 — Coffre Louis XIII en bois sculpté, à
figures, mascarons, feuillages et ornements
variés.

102 — Glace ovale à fronton sculpté, à cariatides
et oiseaux.

103 — Glace à fronton.

104 — Écran en bois doré, à deux feuilles.

105 — Table de nuit, de forme ronde, bois rose
et marqueterie, à vases et fleurs, le dessus en-
touré d'une galerie de cuivre.

106 — Console Louis XV en bois sculpté et
doré, à guirlandes de laurier, dessus garni en
velours.

107 — Fauteuil de l'époque Louis XIV en bois sculpté, couvert en indienne.

108 — Pendule Louis XV et sa console d'applique en marqueterie de cuivre, garnie de bronzes rocaille.

109 — Grande pendule du temps de Louis XVI, en marbre blanc, turquin et griotte d'Italie, garnie d'ornements en bronze ciselé et doré au mat, et enrichie de trois figurines en bronze doré : la Danse, la Comédie et une Bacchante.

TAPISSERIES ANCIENNES

110 — Grande tapisserie *verdure*, avec bordure formée d'une guirlande de fleurs et de fruits.

111 — Tapisserie du xvııe siècle, représentant Judith, avec bordure à fleurs, fruits et ruban onduleux.

112 — Tapisserie formant pendant à celle qui précède et représentant Agar dans le désert.

9 782329 590707